ペーター・エデル「自画像」1944
本文54ページ

ウワディスワフ・シヴェック「拡張するアウシュヴィッツ強制収容所」1943
本文 45 ページ

フランシスチェク・タルゴシュ「馬」1941
本文 12 ページ

ミェチスラフ・コシチェルニアク「収容所美術館の内部」1942
本文 85 ページ

ヤン・コムスキ「吟遊詩人」1941―1942
本文 82 ページ

ブロニスラウ・チェヒ「モルスキオコ湖」1942
本文59ページ

MM のスケッチブックより　1943
本文 102 ページ

ジャック・マルキエル「クリスティナ・マデイの肖像」1944
本文 111 ページ

（すべて『Face to Face. Art in Auschwitz』より）

アウシュヴィッツの画家の部屋

〈目次〉

4章　収容所の画家たち　……53

5章　MMのスケッチブック　……95

6章　手をさし伸べた人々　……107

写真・大内田わこ

序にかえて

今日を生きるために

第二次世界大戦中、ナチス・ドイツ最大の殺人工場として知られるアウシュヴィッツ強制収容所。そこに、収容されていたポーランド人画家たちが絵を描くスペースがあったと言ったら、あなたは信じるだろうか？

なにもかもがナチスによってコントロールされ、人間として生きることさえも容易ではなかった残酷な絶滅収容所で、絵を描く？　まさかそんなことが、ウソでしょう。多くの人がそう答えるのではないだろうか。こう書いている私自身、初めてその存在を知った時、まさに我が耳を疑った。

だが、そのスペースであったCampmuseum（収容所美術館）は、1941年10月から1944年2月まで、アウシュヴィッツ第1収容所24号棟に存在し、画家たちの工房であった通称〝画家の部屋〟はその地下に置かれていた。

　そこはもちろんＳＳ（ナチス親衛隊）の厳しい監視下にあったけれど、その部屋で作業することを命じられた収容者は、ＳＳが発注する作品を制作する傍ら、厳しく禁じられていた収容所の過酷な現実を、密かにスケッチし続け今日に残した。

　私がそのスケッチと出会ったのは、２０１７年の秋、９月のことだった。

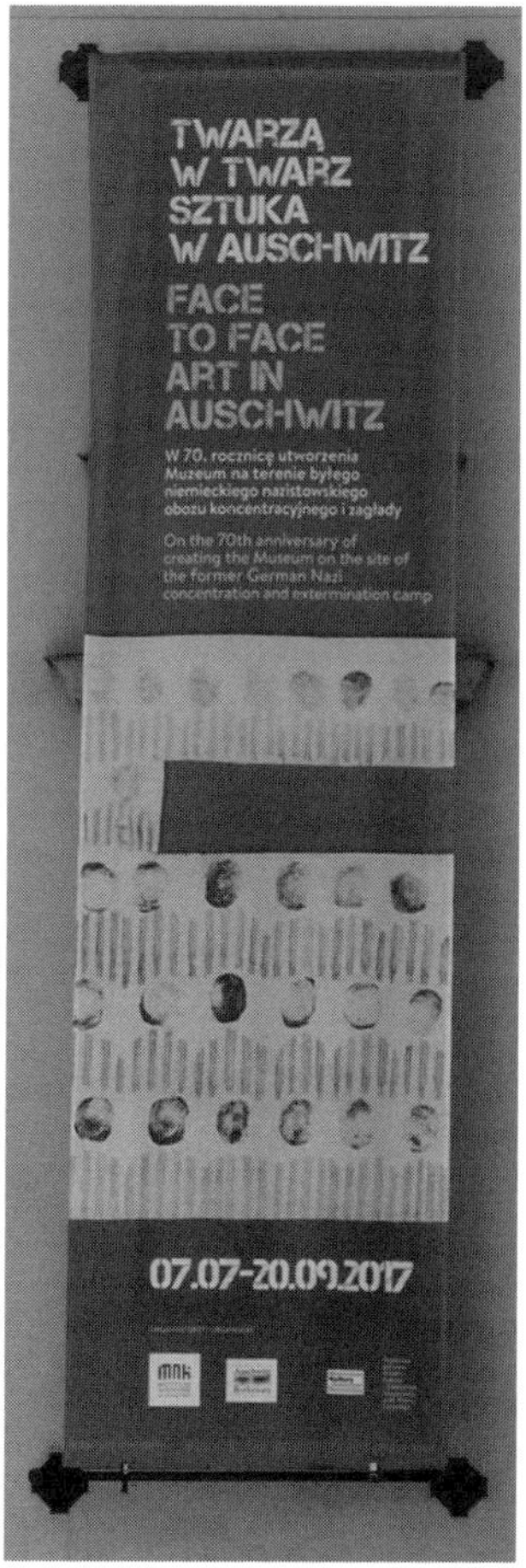

クラクフ市中央市場広場のすぐそばで、展覧会は開催された

アウシュヴィッツ強制収容所が博物館として歩みだして70周年を迎えた記念の展覧会がクラクフ市（ポーランド）で開かれ、彼らが今日に残した2000点余の作品が、初めて公開されたのだった。

作品はSSの命令で描かされた絵画と、収容者自らがナチスの目を盗んで命がけで描いたものの2つに分類されていた。秘密裏に描かれた作品のほとんどが鉛筆描きで、まだ収容所が機能していた時期に様々な手段で外へ持ち出されたとあった。

粗末なわら半紙に鉛筆で描かれたスケッチ。過酷な労働にあえぐ収容者の姿や地べたに座っての食事、亡霊のような人々が林立する全員点呼、仲間に運ばれるやつれ果てた収容者、情け容赦なくリンチを加えるSS。そこには、今から75年以上前に、この収容所で繰り広げられていた惨劇の様が、息をのむほど生々しく描きだされていた。

1947年にビルケナウ（第2収容所）の焼却炉のあたりから見つかったというスケッチブックもオリジナル版が公開された。作者不詳。MMのイニシャルのついた22枚の小さな鉛筆画とチョーク画は、地中に埋められたビンの中から出てきたもので、アウシュヴィッツで行われていたショアー（ユダヤ人大虐殺）を証言していた。

移送列車がアウシュユヴィッツに到着して以後、ユダヤ人が辿らされた「死」に至る2つの「道」のスケッチだ。

1つはナチスの選別で即ガス室へ送られ殺された「道」。もう1つは、たとえその選別を生き抜いたとしても、ユダヤ人はその後の過酷な労働と飢え、病気、拷問などによって、ガス室へ送られ死に至るというナチズムの狂気の告発であった。

身震いするような感動を覚えながら、私は幾度も自分に問いかけた。画家たちはあの地獄のような収容所の中で、これらの沈黙のメッセージを、どのように描いたのだろうか？

「もし私がいなくなっても（殺されても）、私の絵を死なせないで。人々に見せて欲しい」、ふとアウシュユヴィッツのガス室で命を絶たれた、ドイツ系ユダヤ人画家フェリックス・ヌスバウムの残した言葉が蘇ってきた。

ヌスバウムは亡命先のベルギーで迫りくるユダヤ人狩りの恐怖とたたかいながら、ナチスの理不尽な迫害をリアルタイムで絵にした。この言葉は1944年の夏に逮捕される前、作品を預けた友人に託した言葉であった。

彼らは怯まなかった

収容所の芸術家たちのことを、展覧会の企画者でアウシュヴィッツ博物館遺品部のアグニエシカ・シェラツカさんは、こう語った。

「SSに強制されながら描く絵は、彼らが求める魂の自由を表現するはずの芸術とは、正反対のものだったと思います。ましてや自分たちを苦しめ、もしかしたら明日自分を殺すかもしれない人間たちのために自分の才能を使わなければならない、これは芸術家として大きなジレンマだったに違いありません。

でも、それが唯一生き延びられる道だった。作品ができあがるまで、例えそれがわずかな期間であっても生き延びることができるという日常を、彼らは生きていたのです。

「ここにこんな芸術家たちがいたということをぜひ知ってほしい」
とアグニエシカ・シェラツカさん

そしてそのような中で、絵を描く道具を手にすることができた彼らは、SSの目を盗んで厳禁だった収容所の現実を描きました。見つかれば即死罪です。まさに命と引き換えでした。でも彼らは怯まず、人間の尊厳が完全に踏みにじられた収容所の実態を暴こうとしました。人間の尊厳とは何かを問いかけ、ユダヤ人の大量虐殺というナチズムの狂気を告発しました。

そのような作品の存在を知ったからには、より多くの人々に見ていただくことが私たちのやるべきこと、と思ったのです」

１章

収容所美術館の誕生

今も姿を残す収容所美術館が置かれた24号棟

ヘスと馬の絵

それは、ポーランド人政治犯フランシスチェク・タルゴシュ（Franciszek Targosz 収容者番号＝７６２６）の記憶によると、１９４１年の半ば頃のことであった。

彼はこっそり絵を描いているところを、事もあろうに所長のルドルフ・ヘスに見つかり逮捕された。収容所でのこのような行為は死罪に値した。

当然、彼ことタルゴシュは死を覚悟した。ところが事態は思いがけない方向へと動いた。タルゴシュが描いていた中世の騎馬による戦闘シーンのスケッチがヘスの興味を引いたのだ。ヘスは三度の食事より馬が好き、で知られていた。ヘスは改めてタルゴシュに馬の絵を描くよう命じた。できあがった絵はヘスを十二分に満足させ、タルゴシュは死罪をまぬがれることができた。

事はそれだけでは終わらなかった。なんと今度はタルゴシュが堪能なドイツ語で、収容所のどこかに収容者が描いた絵や作品などを集めてはどうかというような提案をしたというのだ。

この無謀としか言いようのない提案がその場ですんなり受け入られた。そして、すぐさま収容所長官カール・フリッチェに、収容所美術館なるものの設置の命令が下った。

こうして収容所美術館が、アウシュヴィッツ第1収容所の24号棟に置かれることになったのだった。

今日、アウシュヴィッツ博物館を訪れる人々が、必ずくぐるであろう「ARBEIT MACHT FREI」＝「働けば自由になる」というゲートがある赤レンガ収容棟群の一角である。

絵を描くことはおろか、生きる自由さえままならなかった収容所で、このようなスペースを作ることを提案したタルゴシュ。はたして、これは彼一人の考えだったのだろうか？　また収容者からの提案を快諾したヘス。この時、彼の脳裏にどのような考えが駆け巡っていたのだろうか？　二人の間にどんなやり取りが交わされたのか？　私の頭には、いくつもの「？」マークが行き交った。

しかし、アウシュヴィッツの記録からはこれ以上のことを推測することはできず、再度に渡るポーランド取材でも、この時のいきさつを詳しく知る人物に出会うことはできなかった。

ヘスは戦後、アウシュヴィッツで絞首刑に処せられる前に綿々と書き綴った自伝的覚え書を残している。だがそこでも彼は、この一件についてなにも語っていない。

展覧会のカタログに付記された短い経歴で、タルゴシュが１８９９年生まれだったことがわかる。この時42歳、１９００年生まれのヘスより1歳年上だった。

タルゴシュは15歳でポーランド軍にボランティアとして参加して以来、軍人として生きるかたわら、絵画や文学にも深い関心を持ち、ポーランドの軍隊博物館やウィーンのドロシーウム博物館のメンバーでもあったとある。

１９４０年12月18日に逮捕され、すぐにアウシュヴィッツに送られている。建築資材の荷下ろしに始まり、木工部門、砂利採掘場などで働いた後、ちょうどこの〝事件〟の頃は、ＳＳの事務所で収容者が書いた手紙やハガキをまとめて検閲局に送る仕事についていたようだ。

美術館の提案者タルゴシュ

当時、アウシュヴィッツのポーランド人労働収容者は、家族や知人宛てへの手紙などを書くことを義務として強制されていた。もちろん中身は全て検閲されてはいた。そして家族もまた、無事に本人に届くかどうかは別として、食べ物などを入れた小包を収容所宛てに送ることができた。彼はその仲介役的な役割を担っていたと思われる。

その後タルゴシュは、収容所美術館誕生とともに、管理を任されることになる。彼はその部屋を画家たちが、禁じられた芸術活動を行う場所として自由に使えるように心血を注ぎ、処刑の前には彼らの作品をこっそり保存した。

アグニエシカさんは、タルゴシュの存在は大きかったと話した。「彼の下で絵を描くことができて、命が助かった」としみじみ当時を振り返る人もいたという。

アウシュヴィッツの狂気の海の中に作られたこの部屋のことを、メンバーの一人、ヤン・コムスキはこう回想している。

「労働の後、私は折に触れて美術館を訪れた。スケッチしたかったからだ。また、同じような関心を持つ同志たちに会いたかった。美術館で絵を描く事は少なくともしばらくの間、日常の現実の残酷さを忘れさせてくれた。美術館内は自由の雰囲気が支配していた。私たちはその雰囲気を自ら作り出してもいた」

タルゴシュは収容所解放直前の１９４５年1月21日、オーストリアのマウトハウゼン強制収容所に送られ、５月５日、その支所メルク収容所でアメリカ軍によって解放された。

その後、アウシュヴィッツの博物館建設に尽力したが、それからの彼の活動についての詳しい記録はない。1979年9月10日、故郷ビエルスコ・ビアワで永眠。

ナチスはプロパガンダのために

さて、話を戻そう。収容所の画家たちの作品が、初めて一般公開されたこの展覧会をクラクフ国立博物館が協賛した。

そのいきさつを館長のアンゼイ・ベトレイさんにインタビューした折、ヘスはなぜ収容所美術館を作ったのだろうか、という質問をぶつけた。

「それはひとえにアウシュヴィッツの真実の姿を隠すためです」

と、きわめて明快だった。

「占領者としての彼らが、ポーランドに何をしたか。彼らは、すべてのポーランド的なものを破壊し尽くしました。芸術の分野も例外で

「彼らの作品を世界中の人々に」とアンゼイ・ベトレイ館長

はなかった。数多くの芸術家たちが殺され、逮捕された人々はアウシュヴィッツに入れられました。若く才能も未来もある人々でした。

彼らはその画家たちに自分たちの意のままに様々な仕事をさせたばかりか、そこを外部の人たちに見せたり、優れた作品を贈ったりすることで、アウシュヴィッツでは自由な芸術活動も行われている、巷で噂されているようなおぞましい場所ではないのだ、と思わせるプロパガンダに使ったのです」

しかし、鉛筆と紙という武器を手にした画家たちは、命がけでたくさんの作品を描き残し、そうしたナチスの思惑を見事に打ち破ったのだ。

「収容者たちが残した作品は、私たちの胸を打つだけでなく歴史的に見てもナチスの蛮行を証明する貴重な証言です。特にショアーを証言するMMのスケッチなど、世界中の人々に見てほしいと思いました。

ただ、この作品展示は美術館としては大きな挑戦でした。なぜなら、それらの作品は我々がこれまで展示してきた作品とはあまりにも違う次元のものだったからです。美しい物を見て人間が感動するというカタルシスと別のカタルシスを得る展示だったからです。

私たちは議論しました。そして思ったのです。クラクフは当時からポーランドの芸術の都だった。首都はワルシャワだけれどポルスキー（ポーランド人）の首都はクラクフであると言われてきたではないか。

これを展示しないでどうする、よし、挑戦してみようという結論に至りました。結果は成功でした。多くの市民のみなさんから感動の言葉をいただきました。またユネスコの方たちがこの展覧会に足を運んでくれたことも本当に大きな意義がありました。そして展覧会を対象にした国内コンクールで、最高の賞を受けました」

2章

動き出したアウシュヴィッツ強制収容所

収容所の正面入り口

ポーランド人は「下等人間」と

1940年6月14日、動き出して間もないアウシュヴィッツ強制収容所に、ポーランドの政治犯700人余を乗せた最初の移送貨車が到着した。

その中には、後に画家の部屋のメンバーとなるザコパネ国立林業学校出身のブロニスラウ・チェヒや、クラクフ芸術アカデミーの卒業生ヤン・コムスキなどがいた。収容所美術館の設置をへスに提案したフランシスチェク・タルゴシュは、その年の12月に移送されている。彼もまたクラクフ芸術アカデミーに学んだ。そして彼らは、いずれも反ナチス闘争によって逮捕された若き政治犯であった。

アウシュヴィッツ強制収容所は、第二次世界大戦中ポーランドのオシフィエンチムに、ナチス・ドイツが建てた強制収容所である。古都クラクフから西へ約60キロの地点にあり、戦前はポーランド軍の宿営地が置かれていた。

1939年9月1日、ポーランド全土を電撃作戦で制圧したナチスが、この古びた20ヘクタール（東京ドーム約4個分）あまりの地に狙いを定めたのは、鉄道輸送の合流点であり、既存の通信網などもすでに整った格好の場所だったからであった。

ポーランド占領後のナチスは村を焼き、街を破壊し尽くしながらポーランド社会に行政命令を出し、ナチスに抵抗する人々はもちろん、社会的影響力を持つ人々を社会から完全に排除する仕事にとりかかった。政治家、役人、大学教授、教育関係者、芸術家、カトリック教徒、果てはボーイスカウト指導者まで、問答無用で殺害するか捕えて収容所送りにした。

ナチスはポーランド人を「下等人間」と呼び、人間以下と見なすユダヤ人よりは少しマシな存在という位置付けで、自らの手足、労働力として使うしか価値のない存在とした。そんなナチスにとって、ポーランド人の指導的立場の人々は邪魔でしかなかったのである。アウシュヴィッツの記録によれば、戦争が始まって4か月の間に早くも16000人が処刑されたという。

先にユダヤ人の虐殺について話を聞いた、ワルシャワユダヤ史研究所のアンジェイ・ジビコフスキ博士は、「ナチス占領下のポーランドは、ドイツ人にとって、ここでなにをしても罪に問われる心配はないと信じて恐怖政治を実行できる場所だった」と語っていた。

ユダヤ人を匿えば家族全員が死刑とされたのも、ナチス占領下のヨーロッパでこの国だけだった。

歴史は、ユダヤ人大虐殺というナチスの人類史に比類のない蛮行を可能にした場所で、その国の人々へのテロも、半端ではなかったことを教えている。

ナチス高官ハインリヒ・ヒムラー（SS全国指導者兼国家警察長官）は、1940年5月、初代司令官に任命したルドルフ・ヘスにアウシュヴィッツの建設、いわゆる改築を命じた。

この命令は、ヘスにとってもかなりのものだったらしく、彼は死ぬ前に書き上げた自伝的手記の中でこうつぶやいている。

「私は、建物自体は十分に使い物になるが、全く手入れもされず、害虫どものうようよ群がるこの既存の建築物を、最短期間で、1万人を収容する過度的収容所に仕上げなければならなかったのだ。（略）まだしも、全然新しく収容所を立てることの方が、はるかに楽だったろう。（略）私には、初めから分かりきっていたのだが、アウシュヴィッツは司令部から抑留者の一人に至るまで全員がたゆまずきつい作業を続けて、やっとなんとか使えるようになる代物だったのだ。まず、私自身が範を示さねばならなかった。」『アウシュヴィッツ強制収容所』（片岡啓治訳・講談社学術文庫）

だが、その改築工事を実際に担ったのは、ここへ送り込まれた収容者たちであった。

アウシュヴィッツ博物館で、唯一の日本人ガイドとして知られる中谷剛さんは、日本人向けに書いた『アウシュヴィッツ博物館案内』（凱風社）で、改築作業は収容者の強制労働のなかでもっとも大変なもののひとつだったと書いている。

「1カ月から3カ月でほとんどの人が命を落としたといいます。重い建設資材も肩にかついで運ばなければなりませんでした。それも木靴でほとんど走りながら――」

画家たちは、まさに始動してわずか1か月後の改築工事たけなわの

このポプラ並木も、収容者によって植えられた

場所に、他の政治犯の仲間とともに運び込まれたのであった。

今、アウシュヴィッツ第1収容所で、空に向かって見事に枝を広げてそびえ立つポプラ並木。この苗木を植えたのも、収容棟の赤レンガを一つずつ積み上げたのも収容者だった。

中谷さんは「よく見れば収容棟の1階と2階の外壁のレンガの色が違うのに気がつくはず。それは戦前からあったものと収容者が積んだものとの違いです」と書いている。

タデウシ・シマンスキの証言

収容所美術館についてまとめられた唯一の本がある。直訳すれば『苦しみと希望～囚人たちの芸術』（テレサ・シフィエボッカ、イエジ・ダウエク共著。以後、『囚人たちの芸術』）。

この本は、移送された「彼らのほとんどが、第1ブロックと第2ブロックの間にあった原始的な指物作りと錠前作りの作業所に入れられた」と、ざっくり書いている。「雨から収容者たちを守るのは、粗末な屋根しかなかった」と。

同書にそれ以外の情報はない。だが、この時すでに彼らは名前を奪われ、番号にされていたはずだ。

腕に囚人番号を入れ墨され、縦縞の囚人服を着せられた時のことをアウシュヴィッツからの生還者の一人、タデウシ・シマンスキはこう語っている。

「収容所に入れられた途端に私は、20034号と呼ばれるようになりました。逃亡を防ぐためとまるで家畜に焼印を押すように、それを腕に入れ墨された時には、本当に屈辱的な思いをしました」

彼は、画家たちから1年遅れの1941年8月12日にアウシュヴィッツに着いている。ボーイスカウトの指導者というそれだけの理由で逮捕されたのだった。

そこは行進の仕方に始まり、SSに呼ばれた時の作法、食事やトイレ、ベッド（それがそう呼べるならだが）の使い方などあらゆる規則がドイツ語で行き交い、わからなければいちいち叩きのめされるという暴力支配の世界だった。

シマンスキらは、日々拡大されていく収容所で建物の建築や溝掘り、道路工事などの作業に追われ、後にはそれにガス室の建設が加わったという。

「つまりは自分たちの〝死に場所〟の建設をさせられたのです」

アウシュユヴィッツはやがて、1942年3月に完成する第2収容所=ビルケナウ(約171ヘクタール)を含め、5つのガス室を持つ、ヨーロッパ最大の絶滅センターとなっていく。

この証言は、シマンスキが1986年、日本各地で講演した内容を記録した『生きる——アウシュヴィッツからの証言』（フィリア美術館）による。

彼は、生還後かつての収容所を記念の場とすることに尽力するとともに、収容所を訪れるドイツ人らに「過去の克服」を説き続けた。その功績は高く評価され、1986年、西ドイツの名誉ある「テオドーア・ホイス賞」を受けている。日本を訪れたのはその年の秋のことだった。2002年没。

この記録と私が出会ったのは、日本にアウシュヴィッツの絵があると聞き、八ヶ岳の麓にフィリア美術館を訪ねた時だった。

今思えばその時私は、画家の部屋のメンバーの1人、ミェチスラフ・コシチェルニアクの絵と出会っていたのだ。それは、収容所の屋根をふくトタン板のかけらに刻まれた小さな版画「聖家族像」だった。

シマンスキは収容所でコシチェルニアクにもらった大切なこの絵を、日本へ招いてくれた知人の永井清彦さん（ジャーナリストで、リヒャルト・ヴァイツゼッカー『荒れ野の40年』岩波書店の翻訳者＝2017年没）に、感謝の気持ちを込めて贈った。

コシチェルニアク作「聖家族の像」。フィリア美術館展示資料より

その絵がなぜこの美術館に？　そのいきさつを永井さんは前出の『生きる』の中でこう述べている。

「シマンスキさんは日本招待への礼としてこの絵をくださったのである。アウシュヴィッツの獄中で、こうも優しい絵が描かれていたとは想像もしていなかった。コシチェルニアクさんの絵は私蔵すべきものでないと、あちこちで展覧会を開いてもらって、これまで多くの人が見てくださった。その中の一人に、この絵が欲しいという人がいた。話を聞いてみると、キリスト教者で、私財を投じて美術館を計画しているというのである。礼拝堂のようなこの場をこれらの絵に与えてくださったのが、この美術館の主ご夫妻である」

私にとっても想像を絶する作品との出会いだった。あの地獄のような収容所の中で、この作品はどのように刻まれたのだろうか？　感動に釘付けになりながら、そう考えた日から15年の歳月が流れている。

地下組織「5」

ポーランドの英雄として知られるヴィトルト・ピレツキという人物をご存知だろうか？　ポーランド軍の元大尉で、当時は反ナチスの地下組織で活動していたが、収容所の中に地下組織を作り、最終的には収容所の解放を目指すという大目的を持って、アウシュヴィッツに潜入した人だ。

それは、画家たち第1陣の政治犯グループより3か月遅れの1940年9月21日のことだった。

それから脱出までの948日間をピレツキは一収容者として生き、抵抗者たちの地下組織を網の目のように張り巡らせていく。この英雄が残した手記を読むと、その地下組織「5」（5人1組で活動した）に、ヤン・コムスキやブロニスラウ・チェヒなどの画家の部屋のメンバーが参加して、医薬品や食料を外部から密輸入することに奔走していたことがわかる。

ザコパネ出身で、世界的なスキーヤーとして、また木工職人としての腕も確かだったチェヒは、ピレツキが急場凌ぎで逃げ込んだ木工作業所で、幾度もこのにわか木工ピレツキの窮地を救い、「優しい木工さん」と、なにかと頼りにされていたらしい。

このピレツキはポーランドの英雄であると同時に、悲劇の英雄とも称されている。それは彼がナチス政権崩壊後、ポーランドを強権支配したソ連の全体主義とたたかう道を迷うことなく選んだため、当時のポーランド政権から国家反逆罪の汚名を着せられ、銃殺刑に処せられてしまったからだ。

ポーランドがソ連のくびきから解放され、ピレツキが祖国独立のためにたたかった真の英雄として蘇ったのは、1990年になってからであった。

若き日のヴィトルト・ピレツキ

さて、このピレツキの詳しい活躍や生涯については、彼の手記の他、小林公二氏の『アウシュヴィッツを志願した男』（講談社）に詳しい。

3章

狂気の海の中で

ガス殺された障害のある人々の遺品

過酷な労働の後に

「その部屋には、絵画、スケッチ、グラフィック、彫刻などの作品や、収容所で作られた日用品などが集められていた。それればかりか、ユダヤ教のタルムード（ユダヤ経典集）や、祈祷書、燭台、勲章、修道女の胸かけなど、明らかにSSが収容者から奪い取ったと思われるような品々が陳列されていて、収容所美術館はまるで骨董品陳列室のような趣もあった」（『囚人たちの芸術』）

その部屋とは、アウシュヴィッツ第1収容所24号棟に作られた収容所美術館のことである。

例のいきさつから、この部屋の管理を任される存在となっていたフランシスチェク・タルゴシュは、美術館のために保障された狭い、しかし自由なその空間を、なにより画家たちが、厳しく禁じられていた私的な芸術活動を行うための場所として、徹底的に利用していた。

1人でも多くの収容者画家に絵を描くチャンスを与え、たとえわずかであっても彼らがその命をながらえられるように努めるとともに、処刑される前にはその作品を密かに保管した。

「それはポーランド人に対してだけではなかった。ある時、タルムードを翻訳するため2人のユダヤ人が連れてこられた。彼らは作業が終わればガス室行きと決まっていた。SSは何かにつけて作業を急がせたが、タルゴシュは2人を肉体労働から守り、いつも「ゆっくり、ゆっくり」と声をかけていた」（『囚人たちの芸術』）

〝画家の部屋のメンバー〟という言い方は、私がこの本を書くにあたって勝手に名付けたものである。当時、彼らがなんと呼ばれていたかの記録はない。また彼らの身分についても漠然としている。長年研究を続けてきたアウシュヴィッツの学芸員アグニエシカ・シェラツカさんは、その存在は「固定的ではなかったのではないか」と言う。

つまり、当時収容所にあった音楽隊の隊員のように、少なくとも身分や生活を一応保証され、練習のためのスペースや時間などが与えられた1つのグループではなかった。ユダヤ人移送者から奪い取った画材や紙は与えられても、日々様々な労働班に所属し、過酷な労働をこなしながら、SSの委託があれば画家としての作業に従事する、というようなあり方ではなかったかと。

早朝から11時間にも及ぶ激しい労働。いたたまれない慢性的な空腹について、シマンスキはこう語っている。

「たいていの囚人は収容所に入れられてから2、3か月の間に20キロも体重が減りました。今豊かな社会の子どもたちは『お腹すいたなにかちょうだい』とせがみます。しかし収容所での空腹感、飢餓感はそれとは別物です。馬の飼料のビート（ホウレンソウの仲間）をかすめたり、SSの番犬をこっそり食べてしまったりもしました」

まさに壮絶としか言いようのない生と死のたたかい。その中で、彼らはカンバス向かっていたのだ。

画家の部屋のメンバーとされている人たちの中に、女性がわずかなのもこうした過酷な環境が基因しているのかもしれない。

『囚人たちの芸術』は語る。

「彼らは互いに助け合った。芸術家たちは初心者に指導した。美術館はアウシュヴィッツの狂気の海の中で、正常な人たちの島となった」

そこにはこんなエピソードも語られている。2冊の小さなスケッチブックを残して銃殺されてしまった、ゴーリス出身のヨーゼフ・ムロツェクの話だ。

この才能に恵まれた若者はギムナジウム（中、高等学校）の学生だった。彼の描いた収容者仲間の肖像画は画家の部屋の先輩たちの大きな関心を呼んだ。一人はこの青年に素描のレッスンをし、もう一人は戦争が終わったら、芸術アカデミーで勉学できるようにしようと約束した。

だが、この若きヨーゼフ・ムロツェクは、１９４４年他の収容所に移送される途中、仲間３人と脱走をくわだて汽車から飛び降り、ＳＳに機関銃で撃ち殺されてしまう。

彼が食糧袋に大切に秘めていた2冊のスケッチブックだけが、生き残った脱走仲間によって解放の時まで大切に保管され、アウシュヴィッツに戻ってきたのだった。

「それなら俺を描いてみろ」

アウシュヴィッツには、様々な工房があった。建設、木工、皮なめし、鍵屋、靴屋、縫製場……。そこには、クラクフ芸術大学、ワルシャワ技術大学、またザコパネ国立林業専門学校の卒業生や、民族文化に関心を持つ山岳出身の職工たちなど腕自慢の人材が少なくなく、画家の部屋のメンバーには事欠かなかったようだ。

中には思いもよらないきっかけでメンバーとなった人物もいた。

この話はオシフィエンチム出身の美術評論家で、その人物、ミェチスラフ・コシチェルニアクの研究家でもあるヨランタ・クピエツさんに聞いた。彼こそあのシマンスキと同時期に収容所にいて、自分の描いた絵をシマンスキにプレゼントした画家のことだ。

1941年2月3日、ワルシャワからアウシュヴィッツに送られた時、コシチェルニアクはすでに世に知られた画家だった。正義感が強く愛国心に満ちた彼は、ポーランドがナチスに制圧された後も、ザブラというポーランド人が愛するタトラ山脈にちなんだニックネームで、「ワルシャワは戦っている」というタイトルの絵を発表するなど、果敢なたたかいを展開していた。

しかし、ついにゲシュタポ（ナチス・ドイツの国家秘密警察）に逮捕され、アウシュヴィッツ送りとなり、道路整備労働班に配属された。

3メートルもある穴の底から、身の丈もあるようなシャベルで土をすくい上げるこの仕事に、小柄で華奢な体つきだったコシチェルニアクは到底耐えられず、ある日とうとう泥の中に崩れ落ちてしまった。通常なら棍棒で滅多打ちされるところを多少は人間味の残っていた看守だったか、すぐに上官に報告。SSが飛んできた。

その人物に向かってコシチェルニアクは「自分は芸術家だ。絵を描く。この仕事は私にはきつ過ぎる」と、ドイツ語でそう訴えた。どうせ殺されるという覚悟の上でのことだった。

「それなら俺を描いてみろ」と、SSは紙と鉛筆を持って来させた。

泥にまみれてこわばった指で、久しぶりに握った鉛筆。震える手で、コシチェルニアクは彼をスケッチした。できあがった絵を見るなり、SSは「おお、よく似ているぞ、俺にそっくりだ」と小躍りしながら、周りにもその絵を見せて回ったという。この結果、コシチェルニアクは命拾いをしただけでなく、屋根の下の仕事、印刷所に潜り込めた。まさに奇跡が起こったのだ。

戦後、この時のことを聞かれると、コシチェルニアクは「あの様な場所でも殺されずに済んだ。やはり芸術の力というものはすごい」いつもこう言っていたとヨランタさんは微笑んだ。

誰のために描く

こうした画家たちの才能を、ナチスは最大限に活用した。その最たるものは、今では皮肉にも彼ら第3帝国の民族絶滅作戦の証として残ることになった、拡張していくアウシュヴィッツ強制収容所を描いた絵や、その将来像を示す模型などである。

スマホで撮影し送信すれば、瞬時にその映像を目にすることができる現代とは違い、こうした手法は当時、その進捗状況を最高司令部に伝えるまたとない手段だった。

ヘスら収容所指導部は、アウシュヴィッツの模型の作成に特別な情熱を注ぎ、早くも1940年末には特別チームを作っている。そのチームには彫刻家クサヴェリー・ドゥニコフスキ（Xawery Dunikowski収容者番号＝774）ら4人ほどが選ばれた。

そして結果的に彼らのチームは、4つの模型（ビルケナウも含めた）を作る作業を命じられた。当面の第1号は、1941年3月のハインリヒ・ヒムラーによるアウシュヴィッツ最初の視察に向けて、急ピッチで進められた。

ドゥニコフスキは、アウシュヴィッツに着いた時65歳で収容者の最年長者だった。クラクフ芸術大学で彫刻部の主任を務め、国際的に名を知られていたこの人物が、どのような経過でこの〝大役〟を任されることになったのかは定かではない。彼はまたアウシュヴィッツに潜入していたピレツキからも声をかけられ、早々に地下組織「5」のメンバーに組み入れられていた。

1943年9月、ドゥニコフスキは地下組織との関係を疑われて、

ドゥニコフスキが描いた画家マリアン・ルザムスキの肖像
1943――1944『カタログ』より

懲罰を受け石炭倉庫に1月あまりも拘禁されてしまう。一命はとりとめたものの、その後に収容所病棟送りとなり、再び模型作成グループに戻ることはなかった。

病棟と言えば聞こえはいいが、ガス室行きの一歩手前として知られていた。まだ労働力として役立つとみれば治療するが、ひどく弱っているとみられた人間は即フェノールを注射され殺される場所だったからだ。また、病棟はドイツ人医師の人体実験の場としても恐れられていた。

だが幸運にもドゥニコフスキは、そこで働くポーランド人医師や囚人仲間たちの隠れた献身的な援助＝例えば全員点呼の場所へこっそりおぶって運んでもらうなど＝を受け、解放の日まで生き延び、病棟の収容者仲間や医療従事者の肖像画をたくさん描き残した。


「見よ。これがアウシュヴィッツだ！」という声が聞こえてくるような、日々発展していく収容所拡張工事の油絵などを描かされた画家が、ウワディスワフ・シヴェック（Wtadystaw Siwek 収容者番号＝５８２６）だ。

シヴェックは反ナチの地下組織作り容疑で逮捕された時、ポーランド鉄道のクラクフ支部に勤めていた。モンテルピッツチェとタルノフ監獄を経て、１９４０年10月８日にアウシュヴィッツに送られた。33歳だった。

配属された建築事務所で壁や窓枠のペンキ塗りや看板描きなどをしているうちに才能を見出されて、ＳＳの肖像画を描いたことが収容所

シラミ退治のポスター。コシチェルニアク作　1942『カタログ』より

拡張の絵を描くきっかけだったようだ。

　戦後、彼はこう回想している。「１９４３年の秋に僕は収容所の発展の絵を委託された。現場で働いているのはほとんど囚人だった。だが囚人は絵に描くな！　と言われ民間人の労働者を描いた」

　ナチスは「委託命令」を多用した。例えば「火災はどのように消すか？」、「囚人の隊列に付き添う際のSSの心得は？」などの、日常生活に必要な事柄を水彩画やエッチング（銅版画）で描かせ、回覧板や掲示板として活用した。

また、当時収容所で流行していたチフスの病原菌と思われるシラミ退治のポスター、「警告！一匹のシラミはお前の死」などの製作にもあたらせるなど、様々な場面で画家たちを使っている。

コシチェルニアクはこの警告画を描くために、シラミの生態を顕微鏡で観察しなければならなかったというエピソードが残っている。画家たちにはかなりの水準の仕事が求められていたと思われる。

メンゲレのもとで

人体実験を行った狂気の医者として今日に知られるナチス親衛隊大尉ヨーゼフ・メンゲレのもとで、彼ら言うところの「科学的な研究・実験」の記録を取る仕事にも、画家たちは動員された。

マイケル・ベーレンバウムの『ホロコースト全史』を見てみよう。

1943年ビルケナウの主任医師となったヨーゼフ・メンゲレがそこで繰り広げたエセ医学実験をこう書いている。

「メンゲレは北方人種の優秀性を「証明」したいと考え、いわゆる「幼稚園」と称される収容所の場所から調達してきた「ジプシー」の子供たちに最初の実験を行った。以前から彼は、双生児、小人、そして異常なところのある人びとに興味を持っていた。

メンゲレは自分の実験の被験者たちを、生きたまま、あらゆる医学的分析のために使った。飢えて怯えた子どもたちにも、激しい苦痛と恐怖を与えたのである。被験者に指定された双生児や手足の不自由な障害者たちは、写真を撮られ、顎と歯の石膏型を取られた。さらにメンゲレの指示で、収容者の画家が、双生児の頭、耳、鼻、口、手、足を写生した。研究が完了すると、被験者のあるものはフェノールを注射されて殺された。彼らの死体は解剖され、標本にされて、さらなる研究のためにベルリンのダーレムにある研究所に送られた。

1945年1月17日、メンゲレはアウシュヴィッツから自分の研究資料を持って逃亡した。そうした「科学的」資料が、自分に栄誉をも

たらしてくれると信じていたのである」(芝健介訳・創元社)
メンゲレや収容所病院のドイツ人医者たちの多くは、〝典型的なドイツ人〟としての人種の研究にもやっきになっていた。いわゆる背が高く金髪で青い目の人間を希求し、そのために目の色を変えるための野蛮な実験も行われていた。
「彼の関心は、特に双子の子どもに向けられていた」と、シマンスキは話している。「世界を制覇したのち、ドイツには多くの人間が必要になるということから、ドイツ人女性が一人でも多くの子どもを生めるようにするにはどうしたらいいかという関心から」だったと。(『生きる』)
アウシュヴィッツではこうした「科学的」な研究が、生身の人間を使って繰り広げられていたのだった。
収容所病棟の主任秘書だったカジミーツ・ゼルボウスキは、こう述懐している。
「ある日、ドイツ人の博士に、科学的人類学的な研究をやりたいからと、画家とデザイナー数人を用意するように命じられた。その時、彼はいまカポ（看守）から非人間的なリンチを受けたばかりのユダヤ人ダヴィド・ウオンゲゼウスキの容態に特別の関心を抱いていた。特設テーブルの上に彼を乗せ、特別観察の対象としたのち、営倉内の病室に運び込んだ。そこで画家に色彩画、鉛筆で写生されたこの囚人は、まもなく絶命した」

SSの委託は命令！

このような公式な「委託業務」とは別に、SS隊員たちはしばしば芸術家たちを個人的な目的のために利用した。

自分自身や家族の肖像画、祭日や誕生日の祝いのカード、タバコ入れの小箱や当時流行だったという占い箱など、雪崩を打つようなSSの注文は後を絶たず、それを止める公式の文書はなかった。

そのため、寝る間もないという状況に追い込まれる画家たちも稀ではなかった。また、緊急、短時間での委託も少なくなかった。

だが、どんなに無茶な申し出であろうと、SS隊員の望みは命令と同義語だった。ここでSSの要求に従わなければ懲罰か死刑。タルゴシュはお互いの間に齟齬が起きないように最大限の目配りをしたが、ヤン・コムスキはこんな目に遭ったと話している。

「まだ建設指導の仕事をしていた時、私は毎日のように肖像画を描かされた。これは50％まで私の使命、いやほとんどが義務とみなされた。それらの作品をSS隊員たちは自分のものにした。ある時なぜだったか理由はもはやわからないが、私はあるSS隊員の肖像画が描けなかった。侮辱されたと思った彼は上官に言いつけた。私の囚人番号が呼ばれ懲罰にかけられた私は、建築指導の部署からも放り出されてしまった」

だが彼もまた、かろうじて一命は取り止めている。

とうとうヘスは、1943年7月8日、SSたちに次のような命令を出さざるを得なくなる。

「SS隊員が様々なものを、それが絵画、または美術作品と称するもの、例えばブリキ細工のバラの花の様な物を囚人たちに制作させる場合も、私が確認する。囚人が無用な作業に従事させられること、増大する困難のもとで無責任に調達資材を消費することを厳禁する。私はここに全権限を持って同様の闇仕事を禁止する。身分、階級を問わず、今後同様の無意味でくだらない仕事を行わせるSS隊員すべてに、帝国の指導者の懲罰を下す」

自明のことだがこの禁止命令は、収容所司令官自身には適用されなかった。彼は収容所の芸術家たちを自由に使って、自分はもとより私的な来客や、SS高官たちへの贈り物をかかさなかったという。

アウシュヴィッツの遺品収容室には、ヘスが収容者に描かせ私宅の応接間に飾っていたという絵や、愛用したタバコ入れ箱などが残されている。

4章
収容所の画家たち

70万人を超える人々が到着したユーデンランペ跡地。
MMのスケッチが当時を語る

二重自画像

ペーター・エデル　Peter Edel　収容者番号＝１６４１４５

２０１７年の展覧会で展示された作品は、博物館によって1冊のカタログ『Face to Face. Art in Auschwitz』（以下、『カタログ』）にまとめられている。その扉の絵は1人の男の自画像だ。囚人服を着て、過酷な労働と慢性的な飢えでやせ細り、顔つきさえ変わってしまった男。

「この人は誰?」と問いかける彼の指は、自分を指している。人間が番号にされ、人間の尊厳が地面に投げ捨てられた今でも、まだ私は私なのだろうか?　そう問う男の隣には、多分、逮捕される前の彼であろうと思われるスーツ姿の男が立っている。

収容以前と以後の自画像。強制収容所が1人の人間をどうのように変えるかを描いたといわれる二重自画像。かなり老けて見えるが、この時のペーター・エデルは、まだ22歳だった。

ユダヤ人というただそれだけの理由で強制収容所に投げ込まれ、ガス室送りは免れたものの、人間以下の悲惨極まる生活の明け暮れの中で、彼は幾度自らに問いかけたであろうか、「私は誰?」と。

ペーター・エデルは、1921年ベルリンのドイツ系ユダヤ人の裕福な商人の家に生まれた。しかし、12歳の時にナチ政権が誕生し、14歳の時に公布された人種法によってギムナジウム(中、高等学校)への道も阻まれた。そんな彼に密かに手を差し伸べたのがケーテ・コルヴィッツだった。エデルは彼女の元で絵とグラフィックを学んでいる。

ケーテ・コルヴィッツは、20世紀前半のドイツを代表する芸術家の一人である。身近に生きる貧しい人々に心を寄せ、その生活や農民・労働する人間を描くとともに、母として女性としての苦悩を数多くの作品に残している。

1919年には、女性として初めてプロイセン芸術院会員に任命されるなど高い評価を受けるとともに、その飾らない人柄は多くの人々から親しまれてもいた。

だが、政権奪取後にヒトラーが打ち出した文化・芸術分野への弾圧はコルヴィッツへも及んだ。もっとも彼女は、科学者アルベルト・アインシュタインや、作家エーリヒ・ケストナーら多くの文化人と共に、ヒトラーの首相就任に反対する「緊急アピール」に署名し、ヒトラーを激怒させていた1人だった。

反ナチス的作家というレッテルを張られた彼女は、ナチスの監視下に置かれた。女性初のプロイセン芸術院会員の資格をも剥奪され、作品発表の機会はもちろん、芸術家としてのあらゆる活動を禁じられ収入の道も断たれた。

多くの作家や芸術家が次々亡命する中で、コルヴィッツ夫妻は国外亡命の道を選べなかった。ケーテは65歳、夫カールは70歳。年齢や健康上の問題に重ねて、版画や彫刻のための大量の道具の移動など、経済上の問題も大きかったと思われる。

エデルが彼女の門を叩いたのは、そうした彼女自身が「国内亡命」と名付けた生活を余儀なくされていた頃ではなかったか。

収入の道を断たれ生活苦の中でもコルヴィッツは密かに制作を続け、今日、彼女の代表作とされる「ピエタ」の像（１９３７年）など優れた作品を生み出している。戦争で死んだ息子を膝の上にだき嘆き悲しむ母、それは23年前のコルヴィッツ自身の姿だった。

この20世紀前半のドイツを代表する芸術家は、2度の世界大戦で2人のペーターを失っている。第一次世界大戦で次男ペーターを、第二次世界大戦で孫のペーターを。

「ピエタ」の像。現在、ベルリンの「ノイエ・ヴァッヘ」(国立中央戦争犠牲者追悼所)に安置されている

『ケーテ・コルヴィッツの肖像』(積文堂)の著者、志真斗美恵さんは、その本の前書きで、彼女に寄せる思いをこう書いている。

「天命を全うすることができず迎える不条理な死——戦争、テロル、あるいは飢餓による死。残された人びとの悲しみを思うとき、ケーテ・コルヴィッツの作品が私の脳裏に浮かぶ。戦争で息子を奪われた両親の像、敬愛する人を失った人びとがならぶ〝カール・リープクネヒト追憶像〟。数々の作品は、深い悲しみとともに、その死を胸に刻み生きてゆこうとする意思を表現している」

「彼女にとって生きることは、作品を創造することであった。どのように困難なときでも彼女はけっして絵画や彫刻から離れなかった。彼女の祖父は言った――『才能は、同時に使命である』と」

このコルヴィッツのもとで学んだことが、エデルの胸に強烈な残像となって、あの衝撃の1枚を描かせたのではなかったか。

1943年に送られたアウシュヴィッツから、ドイツのザクセンハウゼン、マウトハウゼンと強制収容所をたらい回しされ、生と死の間をさまよいながらも、彼もまた決して絵筆を捨てることはなかった。いく先々で出会った収容者たちの生きた証をスケッチに残している。1945年5月、オーストリアのエーベンゼーで解放された。

彼はスキーチャンピオンだった

ブロニスラウ・チェヒ　Bronistaw Czech　収容者番号＝349

『カタログ』の「ＳＳに委託されたアート」のほとんどが、色彩豊かな油絵である。

拡張工事が進むアウシュヴィッツの姿を描いた、ウワディスワフ・シヴェックの絵に始まって、フランシスチェク・タルゴシュの「馬」の絵。そして「収容所美術館の内部」と題したミェチスラフ・コシチェルニアクの絵、なんとそれはヤン・コムスキがカンバスに向かっている姿を入れた貴重な1枚なのだが、それらとともに我々は、収容所で命を落としたブロニスラウ・チェヒの風景画を見ることができる。

彼が愛してやまなかったと言われるタトラ山脈と麓の湖を描いた油絵だ。タトラは、ポーランドとスロバキアの国境に広がる名峰で、彼は収容所で機会さえあれば、あくことなくタトラ山の絵を描いたと伝えられている。

このチェヒ、優れた画家であったのと同時に、ポーランドが誇る国際的なスキージャンプのチャンピオンでもあった。

「メダルこそ取れなかったが、彼は、世界大会で第4位に入るなど素晴らしいスキーヤーで、ここの、いやポーランドの誇りでした。ザコパネ職業学校で木工を勉強していて、絵や彫刻はもちろんピアノやバイオリンも弾く。多彩な才能の持ち主で、みんなに愛されていたのですよ」

まるでチェヒが、今、そこにいるかのように、生き生きと話すヴォイチェフ・シャトコフスキさん。ザコパネにあるタトラ美術館の学芸員で、チェヒの研究家だ。雪が積もると自宅の屋根に梯子をかけて滑り降りたという、この地では伝説になっているエピソードも披露してくれた。

話しを聞きながら、私は納得した。チェヒにとって、タトラはただ美しく懐かしいだけの山ではなかったのだ。タトラは、チェヒが世界に羽ばたくスキーヤーを目指して夢中で自分の力を試した青春の日々の思い出と共にあったのだ。

「彼はポーランドの誇りでした」とシャトコフスキさん

息をする自由さえ奪われかねない暴力支配の収容所での日々。チェヒの胸は自由に自然を駆け巡っていた頃の思い出で、はち切れそうだったに違いない。

彼はその思いを絵にぶつけた。『カタログ』には、その絵が放つピュアな魅力が、殺りくに明け暮れるSSらの胸にも望郷の

DOM RODZINNY
BRONISŁAWA CZECHA
z 1905 r.
Bronisław Czech ur. w Zakopanem 1908-1944
Trzykrotny Olimpijczyk
w konkurencjach narciarskich
Olimpiady:
1928 Saint Moritz
1932 Lake Placid
1936 Garmisch - Partenkirchen
24-krotny Mistrz Polski w konkurencjach
narciarskich, uprawiał skoki, biegi, slalom, zjazd.
Taternik, zawodnik klubu SNPTT, ratownik TOPR,
trener , artysta malarz (olej, na szkle, węgiel,
akwarela) rzeźbiarz, pilot szybowca,patriota.
Kurier Tatrzański.
Zginął w Oświęcimiu z nr 349 05.06.1944 r.

チェヒの生涯を紹介したプレート

チェヒの生家。入口には、彼がアウシュヴィッツで殺されたことを語るプレートがあった

念を呼び起こしたか、ひっきりなしの委託があったとある。

　彼の故郷ザコパネは、クラクフから85キロ北、タトラ山脈の麓にある。ナチスはポーランド占領と同時に、戦前からポーランドの保養地・避暑地としてよく知られる風光明美なこの町に目をつけ、ポーランド人の追い出しにかかった。

　熱血漢チェヒは、時を同じくして地元の反ナチス地下組織に加入した。ポーランド軍の戦力となる若者たちを、山岳ルートでブダペスト側に送る任務についていた。しかし、1940年5月にゲシュタポに逮捕され、ザコパネのSS本部パラツェでひどい拷問を受けた後、アウシュヴィッツに送られた。

「そこでピレツキと遭遇して地下組織の手伝いを始めるのですが、木工としての技術がナチに評価されて、日に60本ものスプーンを作らされていたと聞きました。ノルマが1日60本ですよ。ひどいものです。その上山の風景画もたくさん描かされていた。SSらはその殆どを家族や友人、知人への贈り物にするなど私的に使ったのです」

心優しいチェヒは、ザコパネの姉への便りを欠かさなかった。もちろん検閲済のものだから、いつも元気にやっているというような中身だったが、そこにも必ずタトラの絵や野の花の絵が描いてあったという。

1944年の春、肺炎にかかったチェヒに、ドイツ人の経営するスキー教室でのトレーナの話が舞い込んだ。この話を承諾すればすぐにでも収容所から出られるという条件付きだった。

「彼は2度にわたるこの誘いを断固断ったのです。ドイツ人の下で働くようなら死んだほうがマシだと。ま、実際そうなってしまうのですが。とにかく愛国心の強い、一途な人間だったのです」

熱心に話すシャトコフスキさんの目が、ちょっと潤んだ。

1944年6月5日、チェヒはアウシュヴィッツの診療病棟で息絶えた。その場には、あの石炭倉庫に監禁された後、診療病棟送りとなっていた彫刻家クサヴェリー・ドゥニコフスキが居合わせた。

ドゥニコフスキは、自由の身となった1945年3月、チェヒの姉に次のような手紙を書いている。

「敬愛する婦人へ。残念なことに私は、あなたの弟ブロニスラウ・チェヒさんが亡くなったという事をお伝えしなければなりません。私たちはともに病床にいました。彼は突然私のそばで亡くなりました。心不全でした。それは美しく晴れた1944年6月5日の昼のことでした。

私は、彼をよく知っており彼の死を大変悼んでいます。彼は気立ての良い若者で、みんなに愛されていました。私たちがいた病棟の前にはロマの人々のバラックがあったのですが、ブロニスラウ氏の突然の死を私たちから聞くと、彼らは、弾くことを厳しく禁じられていたショパンの葬送行進曲を、彼のために心を込めて演奏してくれました。このお知らせを大きな悲しみをもってお伝えします」

この手紙で初めて、故郷ザコパネの人々はチェヒの死を知った。

ドラマを生んだ肖像画

ジャック・マルキェル　Jacques Markiel　収容者番号＝126105

ここに1枚のスケッチがある。憂いを含んださびしげな少年の肖像画だ。この11歳のゲザ・シャインを描いたのは、ジャック・マルキェルである。

彼はその絵を1944年に、アウシュヴィッツの補助収容所の一つヤビショビツェで描いた。ゲザはハンガリーから来たユダヤ人少年で、ヤビショビツェ近郊のプルツェスツチェ炭鉱で働く仲間の一人だった。

そのいきさつを戦後、ゲザはこう回想している。

「私は家族と一緒に1944年5月ブタペストで逮捕され、家畜輸送列車でアウシュヴィッツに送られました。6週間ぐらいビルケナウにいました。その後150人ぐらいの囚人、ほとんど若者でしたが、選別され石炭の鉱山まで歩いていけるヤビショビツェ収容所に来ました。

ゲザ・シャインの肖像　1944『カタログ』より

私の仕事は山盛りの石炭のカゴを空にする加工場で働くことでした。とても疲れる汚い仕事でしたが、コロコロ変わる命令に従うほか仕方ありませんでした。言葉も通じない人たちがたくさんいて、その人たちはポーランド人でした。でもみんな優しかった。特にそこの台所で働いていた女性たちは、カポや、ＳＳの目を盗んでよく食べ物を投げてくれました。中でも１人の女性が私によくしてくれました。でも名前は知りませんでした。彼女も囚人でしたが台所で働いていたので、私たちに食べ物を配れる機会があったのです。

ある日私は、他の収容所へ移される事を知りました。仲間の囚人が私の肖像画を描いてくれたので、自分の危険をかえりみず私を助けてくれたその人にあげる事にしました。

そしたら絵を描いてくれた友だちが、絵を渡す時に言うべきポーランド語を教えてくれました。その言葉を、もう忘れてしまったので、今は繰り返せませんが、それは、私の感謝の気持ちを伝える言葉でした。肖像画を渡し、よく守ってくれた彼女を抱きしめました」

そしてその女性、エミリア・クリムジクはこう回想している。

「私は、現在もヤビショビツェに住んでいます。当時鉱山の台所で働かされていました。その年の割には真面目で悲しげな様子だった少年がいて、彼の家族はガス室送りになったという噂をききました。なんとも痛々しく、注意深く見守るようになりました。ポーランド語がまったくわからず、彼は私の名前も知りませんでした。しかし私はあらゆる方法で、なんとか彼を助けようとしました。

1944年末の頃、彼が突然台所に来ました。なにか話がありそうと思い、2人でSSの目が届かないところに隠れました。彼の目は涙でいっぱいでした。すぐに私を抱きしめ、片言のポーランド語で「ママよ、ありがとう。愛しています」と言ってくれました。心の底からの感謝の気持ちとともに、鉛筆で、カートン（厚紙）のようなものに描かれた彼の絵をくれました。

その日から私は、囚人たちの救助に今まで以上の力を入れて頑張る気持ちが、溢れてきました。今日まで彼の肖像画を持っています。博物館に寄付しようと思っています」

エミリアはその言葉通り1960年､博物館にゲザの絵を寄付した。それからずっと後になってゲザは、ハンガリーの雑誌に掲載された自分の肖像画と出合うことになる。彼がテレビのスタッフと共にアウシュヴィッツ博物館を訪れ、この絵と対面し、秘められた自分の物語を初めて語ったのは1975年のことだった。

果たしてマルキェルは、自分が描いた肖像画を巡ってのこのような感動的なドラマが展開されていたことを、知っていただろうか？

彼は1943年にアウシュヴィッツに送られた時、32歳だった。言葉は通じないが過酷な労働に喘ぐ収容者たちに深く心をよせ、禁じられていた彼らの肖像画をたくさん描き残している。ゲザの絵はその中の1枚であった。

1911年ポーランド、ウッジの生まれ。クラクフ美術大学を卒業後、奨学金をもらってパリへ留学したが、その才能が開きつつあった1939年、ナチスの台頭に抗してフランス軍に入隊したことからゲシュタポに逮捕された。

数年間をモンリュック監獄で過ごし、１９４３年６月25日、アウシュヴィッツ補助収容所のヤビショビツェに送られた。炭鉱で鉱夫として働く一方、ＳＳの命令で鉱山業者の彫像を作ったり、バラックの廊下の壁にフレスコ画を描いたと伝えられている。１９４５年ドイツのブーヘンヴァルトで解放された。

コルベ神父との誓い

ミェチスラフ・コシチェルニアク　Mieczystaw Kos´cielniak

収容者番号＝15261

4歳の時から絵を描き始めたミェチスラフ・コシチェルニアクは、中学生の頃には自作の絵の展覧会を開いていた。8人兄弟の長男として生まれた少年の家庭は、決して裕福ではなかったが愛情にあふれていたという。才能に恵まれたこの少年にとって、いつの間にか絵を描くことは、彼の人生の全てになっていった。

だが、理不尽にもナチスの時代の到来が彼を芸術の世界から引き離した。クラクフ美大に入学し、画家としての未来に限りない可能性を秘めながらも、彼は祖国のために反ナチス闘争に立ち上がった。そのかどで逮捕され、1941年2月3日、アウシュヴィッツに送られたとき、29歳だった。

だが、その地獄のような収容所の中で、コシチェルニアクは自らの持つ芸術の力によって命拾いする（P40参照）。この思いもかけない体験が、再び彼の中に芸術というものに対する信頼と、画家としての情熱を呼びさましたのではなかったか。

あちこちの収容所をたらい回しにされながらも戦争を生き延びたコシチェルニアクは、戦後も画家として活躍し、収容所での生活や尊敬するコルベ神父についての連作など数多くの作品を残し、1993年にこの世を去っている。

「どんな過酷な状況の中にいたとしても、人間は何らかの形で自分がそこにいたという証を残しておこうとする。そういう本能がある。だから私たち絵を描く人間は絵を描いたのだと思う」と、後にコシチェルニアクは語っている。

シマンスキから彼の絵を贈られた永井清彦が「あのようなアウシュヴィッツの獄中でこうも優しい絵が描かれていたとは……」と驚いたように、コシチェルニアクの残した作品には、やさしく美しい絵の数々がある。

アウシュヴィッツの『カタログ』の「夢とあこがれ」の項目に納め

られた彼のその種の作品を改めて見る時、それは彼が描いた収容所の過酷な現実のスケッチの多くとは、異次元のもののようにさえ思えてしまう。

その絵は「自分たち収容者にとって、〝大きな支え〟だった」とシマンスキは話している。

「SSに強いられた仕事の合間にコシチェルニアクが描いた美しい絵を、SS隊員たちはそれが過酷な収容所で生まれたものとは言わずに、親戚や知人たちへの贈り物にしたりしていました。そんな中には若い男女の肖像画もあります。誰かの似顔絵というのではなく、全くの空想で書いたものです。これらを制作しているところをたまたま私も目撃しましたが、SS隊員にとってはただ美しいだけの絵も、われわれ囚人にとってはどんなに気持ちを慰めてくれるものだったでしょう。収容所の中には音楽隊もありましたが、絵画も音楽も我々にとっては大きな支えでした」（『生きる』）

コシチェルニアクには故郷に婚約者がいた。「なんとしても生き延びて、愛するイレーネの元にもどるのだ！」という彼の強い思いがあのような美しい絵を描く原動力となった、と、コシチェルニアクの研究家でもあるヨランタ・クピエツさんは語る。

「あの地獄の中で、寄り添う若い男女の姿や、母と子、音楽会を楽しむ人々、キリストの誕生などに思いを馳せ、それを絵にできた。それは彼が高い芸術性を持っていたということの証だと思います。そしてそれを可能にしたのは、必ずここから生き延びて故郷に帰る、恋人に

母と子　1942『カタログ』より

会うのだという、彼の燃えるように強い信念だったと思うのです」

さらにコシチェルニアクには、忘れられないコルベ神父との出会いがあった。

それは1941年の夏に向かう頃のことだった。収容所にコルベという神父がキリストの絵を欲しがっているという噂が流れたのだ。

コルベ神父ことマキシミリアノ・コルベ（1894〜1941）は、カトリック教徒だということだけで逮捕され、1941年5月にアウシュヴィッツに送られていた。彼が日本での6年間の布教活動からポーランドへ帰国して、5年後のことであった。

収容所では宗教というものは一切禁止され、キリスト像を持つことさえも許されていなかった。だが像が持てなければせめて絵を、というその願いは、普段は収容所の貧しい食事さえ周りの人に分け与えたりするような無欲の人の、たっての願いだった。

神父を敬愛する仲間の手引きで、こっそりコルベ神父と会ったコシチェルニアクは、彼のために1枚の小さな聖母子像を描いたという。

「本当に手のひらに入るぐらいの小さな絵だったようですが、コルベ神父はその絵を肌身離さず身につけていたそうです。それがコシチェルニアクにとって、どんなに励みになったことか」とクピエッツさん。

「また神父は、コシチェルニアクに会うたびに、あなたはきっと生き延びるだろう。もしそうなったら、あなたはここで見たことをみんな絵にしなさいと、言ってくれていたそうです」

彼にとってコルベ神父は、まさに地獄で仏のような存在だったのではなかったか。

11 号棟の地下。コルベ神父が殺された 18 号地下牢

だが……。

7月末のこと、コルベ神父の入れられていたバラックから1名の脱走者が出た。1人の脱走者に10人の餓死刑。これが収容所でナチスがとっ

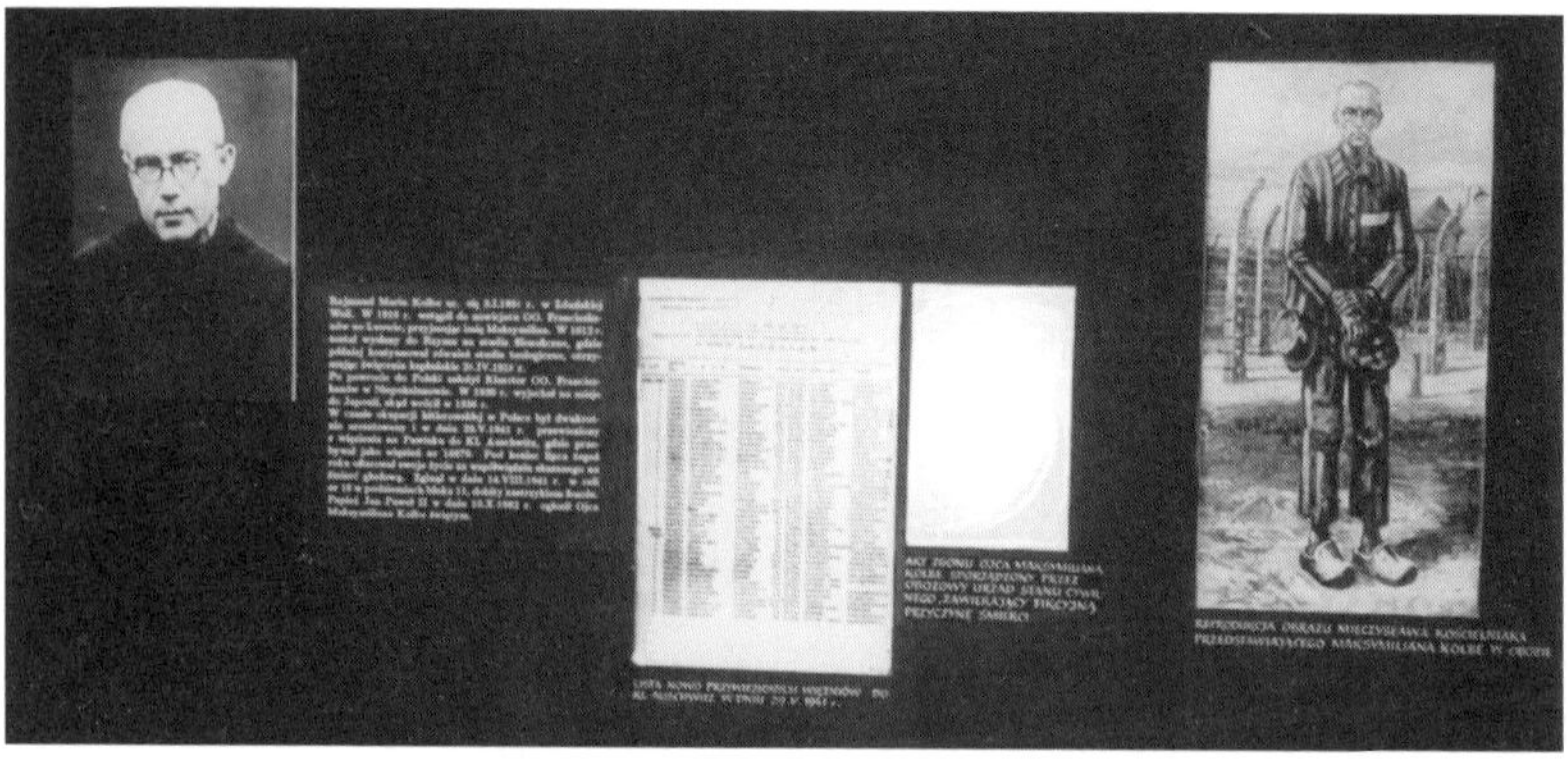

コルベ神父についての紹介文もある

た報復手段だった。餓死刑は水も食べ物も一切与えられず、ただ獄中で死を待つという極めて残酷な刑罰だった。

　その日も立ち並ぶ枯れ木のような収容者の中から、無作為に10人が選び出された。

　ところがその中の1人が「私は死にたくない！　私には妻も子もいる、私は生きていたい！」と叫びだしたのだ。この思いがけない展開。息を殺して事態の推移を見守っていた収容者たちは、さらに我が目と耳を疑うこととなった。「私が彼の身代わりに」と歩み出た人がいたのだ。コルベ神父だった。

「私はカトリックの司教で妻も子もいない。私をあの人の代わりにしてください」

まさかの出来事だった。見ず知らずの人のために自分の命を犠牲にするなんて。だが、SS側は処刑の人数さえ揃えば文句はなかった。その願いはすぐに聞き入れられ、ポーランド人軍曹だったフランチェク・ガイオニチェクは刑を免れ、コルベ神父は9人の収容者とともに全裸で死のブロック11号棟の地下牢に閉じ込められたのだった。

彼らは1滴の水も与えられないまま放置され、コルベ神父は2週間後にフェノール注射で止めを刺されたと言われている。1941年8月14日、享年47歳だった。

「コシチェルニアクは、コルベ神父が「私が身代わりに」と進み出たその時の点呼の場所に居合わせました。人のために自分の命まで投げ出された場面を、彼は見たのです。戦争が終わって解放されても、収容所を生き延びた人々には、その体験がものすごい重圧となってのしかかっていました。

多くの人たちが、それから逃れたくて、もう、あの体験を忘れよ

「この地に生まれた１人として、彼らのことを語り続けたい」と、クピエツさん

うとした。そんな中で彼はコルベさんから言われたことを実践しました。きっと彼の頭の中にはあの時の神父の姿と、「もし生き残ったら、ここで見た事をみんな絵にしなさい」といってくれた言葉が、焼き付いていたのでしょう」

静かに語るヨランタ・クピエツさん。クラクフのヤギェウォ大学で美術史を学び博物館に就職。収容者が残したものを保存をする部署で30年間働いた。

「この地で生まれ育ち、今もここに住んでいる私にとって、収容者たちが残してくれた芸術作品を研究し、今日に受け継ぐ仕事は本当にやりがいのある仕事です。コシチェルニアクさんの絵にも出会い、深い感銘を受け、彼についての本をまとめたりもしました。とても重いテーマではありますが、収容所で行われていたことを命がけで絵に描き、今日に残した画家たちがいた事ことを知った1人として、これからも彼らのことを、語り続けていかなければと思っています」

2つの収容者番号を持つ男

ヤン・コムスキ　Jan Komski　収容者番号＝562

ヤン・コムスキは、万感の思いを込めて、アンドレ・ハラトの家族の肖像画を描いた。ハラトは1942年12月29日、ヤン・コムスキと仲間3人がSSに変装し、馬車に乗って堂々とアウシュヴィッツを脱走するという、ナチスを驚愕させた事件の協力者だった。もちろんハラトは収容者ではない。

この時、コムスキは診療所で殺された16000人分の極秘名簿を、収容所の外へ持ち出すことに成功した。

収容所からの脱走は外に出るまでの手段はもちろんだが、出た後の身の振り方が困難を極めた。ナチスの網の目のように張り巡らされた監視の目を潜るには、外部の援助者との連携なしにはなかなか成功できなかった。コムスキらの場合もハラトとその家族が危険を顧みず、自宅に彼らをかくまってくれたからこその成功だった。

ハラトは当時、1940年から収監されていたマイスローティス監獄から、狂人を装うという一計をめぐらして脱出したばかりだったが、アウシュヴィッツからの救出作戦に加わり、コムスキと遭遇することになったのであった。

1900年生まれのこのハラト、オシフィエンチム近郊の石炭鉱山で坑夫として働き、30歳にして建築資材会社を設立。4年後にはルビアズの市長となるという異色の経歴の持ち主だった。

元々、博愛主義者だった彼は妻と共に、ナチスのポーランド侵攻を迎え撃つ形で、市長在職のまま1939年11月、白いワシと言う名の秘密抵抗組織を作り、近隣のレジスタンス組織と協力しながら、反ナチス闘争に立ちあがる人々への援助活動や、ユダヤ人のためのパスポート作成などに力を尽くしていたのだが、ゲシュタポに逮捕され監獄送りとなったのだった。

さて、コムスキはと言えば、これまで何度も書いてきたように、1940年6月14日、動き出したばかりのアウシュヴィッツに到着したポーランド政治犯第1陣720人余のうちの1人である。

ハラトの妻と娘たち　1943『People of Good will』より

クラクフ美大の絵画学部で学び、教会修復などで力を発揮していたが、ナチスがポーランドへ侵攻したことから、カルパティア山脈を越えてスロバキアへ逃れようとしたところを、ゲシュタポに逮捕されてアウシュヴィッツ送りとなった。25歳だった。

収容所の工事現場で働き出して間もなく工事管理部へ回され、拡張される収容所の設計図や地図の作成にあたっていたという経歴から、かなり早くから才能を見出され、画家の部屋のメンバーとなっていたことが窺える。

その頃のことであろうか。コムスキは仕事の後、折に触れて画家の部屋を訪れたと回想している。「同じような関心を持つ同志たちに会いたかった。収容所美術館で絵を描くことは少なくともしばらくの間、日常の現実の残酷さを忘れさせてくれた」と。

そしてコシチェルニアクは、そんなコムスキの姿を、SS委託の油絵「収容所美術館の内部」に堂々と描き入れている。カンバスに向かうコムスキーは囚人服ではない。靴もちゃんと履いている。コシチェルニアクはそこにひとりの芸術家としてのコムスキを描き入れたかったのだ。

『囚人たちの芸術』にはこんなくだりがある。

「ゾフィア・シュテピエンによる肖像画の表情には収容所の刻印が見られない。女性たちは綺麗な衣装を着て、髪は長く、明るいまなざしをしている。この女流画家はのちにこう説明した。『全てがいまわしく残酷で、悲しく汚れていた。だからこそ私は自分の絵の中では、少しでも美しさを取り入れたかった』と」

「他の芸術家たちも似たような振る舞いをした。例えばヤン・マクノウスキは、肖像画をその家族のために描いた際、家族や身近な人たちを悲しませないために、当人が最も良く見える光の中で描くように努めたと、言っている」

コシチェルニアクも、おそらくもう二度と描くことのないであろうコムスキの姿を、囚人服ではなく普通の市民の服を着た若き芸術家として、自分の絵に残したかったのではないだろうか。

このヤン・コムスキ、収容所内にヴィトルト・ピレツキが作った抵抗組織「5」の一員であった。収容所脱走前には、外部からの医薬品などの密輸入への関わりを疑われ、一時期懲罰ブロックに投獄されてもいた。

SSの軍服姿で脱走するという奇抜なアイデアで外へ出た後、彼はヨセフ・ノセックという偽名のパスポートを使い、地域のパルチザンの人々と共に、今度は外からアウシュヴィッツ収容所への薬品や食料の密輸入などに奔走する。しかし、不運にも再びゲシュタポに逮捕され、1943年10月1日にまたもやアウシュヴィッツ送りとなっている。

しかし幸いにも、あの脱走者ヤン・コムスキだと見破られなかったため、コムスキは偽名のまま2つ目の収容者番号を与えられ、アウシュヴィッツの収容者となった。

それからの彼は、1945年4月末ドイツのダッハウ強制収容所で解放されるまでの日々、ブーヘンヴァルトを皮切りにドイツ国内のナチス収容所に移送される道を自ら選び、画家というより収容者救済のオルグ活動に邁進している。

1949年、戦後に結婚した妻と娘とともにアメリカに移住。ワシントン・ポスト紙のイラストレーターとして働きながら、ホロコースト関連の絵を描き続け、アメリカやヨーロッパで展示したとある。

2002年7月20日没。

子どもたちのために描いた画家たち

その絵は、ビルケナウの16号バラックの壁に今も残っている。セピア色の壁にじっと目を凝らすと、色あせてはいるものの、遊びに興じる子どもたちや様々な動物などの姿が見てとれた。この絵は、女性収容病棟に入れられていた子どもたちのために、SSが画家に命じて描かせたものと後で知った。

いわゆる、SSからの委託だったのだ。けれど、レオン・ツラルスキーとデイナ・ゴットリーポパの2人の画家は、囚われた女性たちの、救いを求める呻きが一面に刻まれたこのバラックの壁を、カラーの童話で塗りつぶしたのだった。

16号バラックに残る子どもたちのための絵

アウシュヴィッツで殺された子どもたちとその遺品

「この救いようのない時代に、自由も未来も、いや大事な子ども時代そのものを奪われた子どもたちのために、二人は収容所の灰色の壁をカラーの童話の登場人物で覆った。また学校、可愛い動物たち、庭での遊戯など彼らの日常を思い出させるものをちりばめたのだった」(『囚人たちの芸術』)

アウシュヴィッツには20万人を超える子どもたちが移送されていた。それまでナチスは、ポーランド人も14歳未満は老人とともに即ガス室に送り、15歳以上は労働力として大人同様に過酷な労働に就かせていた。

また、妊娠がわかった女性収容者はフェノール注射を打たれて殺され、妊娠後期の場合は、医師の実験・研究材料のためだけに胎児が摘出された。そして出産に至った場合は、生まれたばかりの赤ん坊を、水の入ったバケツの中で溺死させるという、残酷なことが行われていたのだった。

その方針が大きく変わったのは、1943年半ば頃だったという。14歳未満の子どもも赤ちゃんも、生かしたまま女性収容病棟の一角に収容せよということになったのだった。なぜこのような命令が下されたのか？

1943年半ばと言えば、ナチスにとって1月末の壊滅的なスターリングラードでの敗北がある。それ以来、敗戦色が濃くなりつつあったナチス・ドイツは、次第に戦争を続けるための「総力戦体制」を強いられることになっていく。

アウシュヴィッツの男性音楽隊員だった生還者は手記で、当時の状況をこう述べている。
「ドイツ軍は兵力増強を必要としていたために、収容所の親衛隊員はその数をどんどん減らされていった。私たちがここへ来た頃には2000人以上いたのがいまでは200人を割っていた」（シモン・ラックス　ルネ・クデーイ著『アウシュヴィッツの音楽隊』大久保喬樹訳・音楽之友社）

方針転換はこうしたことと深い関連があったのではないだろうか？

愛しい子どもたちのために絵本を作った画家たちもいた。そのきっかけは、ある収容者がビルケナウで1冊のカラーの絵本を見つけたことからだったという。おそらく、ガス室へ送られた子どもの物であろうその1冊が、彼らが胸の奥深く秘めていた家族への思いを、一気に噴き出させたのだろう。

「話を、スタニスラウ・ベックが書き、絵はマリアン・モニツェウスキーが、そして歌を何曲か書いたのはアルトウール・クルゼツスキーであった。それをツビグニュウ・ゴスツインスキーが、感光紙に印刷した。その童話は非常に数少ない部数しか作られなかったが、密かに自由な外の世界に、家族の元へ送られたのであった」（『囚人たちの芸術』）

5章

MMのスケッチブック

ビルケナウの引き込み線は1944年春に完成した。
死の門と呼ばれた赤レンガの監視塔が見える

ショアーを証言

そして私は、彼のことを書かなければならない。

彼？　そうアウシュヴィッツでナチス・ドイツがユダヤ人100万人あまりをガス室で殺したショアー（大虐殺）を目撃し、描き残した画家。その名はわかっていない。

彼の残したスケッチにはただ、アルファベットのMを上下に重ねた〝MM〟という署名だけが残されている。

「この場所で行われたユダヤ人の絶滅・ガス殺という事実を、同時進行で描き残したというその一点で、彼の作品はアウシュヴィッツの収容者が残した貴重なコレクションの中でも、特別な位置を占めています」

とアグニエシカ・シェラツカさんは言う。

博物館の遺品部で収容者が残した作品の研究・管理を担当し、先の展覧会の企画者でもあった彼女は、ヤギェウォ大学在学中にこの作品と出会ったことが、自分の進路を決めたと話した。

「アウシュヴィッツのショアーを直接証言する物としては、ハンガリーからここへ移送されたリリー・ヤコブマイヤーという女性が、戦後解放される直前に偶然発見した1冊の写真アルバムがあります。それは多分SS監視員が特撮したものと思われるもので、彼らが慌てて撤退した診療所の片隅に忘れられていたのです。

もう一つは、密かに収容所に持ち込まれたカメラで、1944年にゾンダーコマンド（ガス殺された死体の処理部隊）によって撮影されたとされる4枚の写真です。

このMMのスケッチブックもまた、収容所に移送されたユダヤ人たちがたどらされたショアーという悲惨な運命を、克明なタッチでリアルに描き、私たちに証言する貴重な芸術作品です」

MMが書き残した22枚のスケッチは、横20・8センチ縦13・5センチの寸法を持つ長方形のクラウド紙（雑記帳かメモ帳の類）に描かれ、それぞれに小さくMの字を2つ重ねた署名が残されている。裂かれた左端で、これらの紙が今でいうクロッキー帳のようにスパイラル閉じだったことがわかる。

そのスケッチブックを、彼は身につけていたのだろうか。いやそんな無謀なことは考えられない。厳冬の時期ですら下着もつけられなかった囚人服のどこに隠せたというのだ。彼はきっと自分が遭遇した現場を頭に焼き付け、一日の作業が終わったところで、あるいは何日も後に描くチャンスに恵まれた時、どこかに隠しおいたスケッチブックに描きつけた。もしかして、それは画家の部屋でのことだったかもしれない。

ビルケナウの土の中から

スケッチは1947年、元収容者で当時警備員として働いていたジョゼフ・オデイによってビルケナウの土の中から発見された。切り裂かれた22枚が1つの瓶に差し込まれていて、第4、第5焼却炉があった辺り、そこからそれほど離れていない建物の土台に埋められていたという。1945年1月27日、アウシュヴィッツがソ連の赤軍によよって解放されてわずか2年後のことである。

ナチスは倉庫に火を放ち、ショアーの証拠となるクレマトリュウム（ガス室と焼却炉がセットになった建物注）を破壊して逃亡した。

注＝アウシュヴィッツには、5つのクレマトリュウムがあった。うち、2、3、4、5の4つはビルケナウにあり、第4は、解放前年10月のゾンダーコマンドによる暴動の際破壊された。

残された7000人あまりの収容者が解放された構内は、瓦礫やゴミが散乱し、大きな墓穴にはおびただしい数の焼死体が残されていた。まずは遺体を埋葬するところから始まったボランティア活動が、博物館建設へと向かう道程でスケッチは発見されたのだった。

スケッチは鉛筆とチョークで描かれ、インクで手が加えられているものもある。全てが収容者の日常生活を描いたもので、全てのページに番号が振ってあり、その上、ショアーを証言する2つの括りには、特別にアルファベットの大文字が付けられている。

ナチスは収容所の情報が外部に漏れることを極力恐れた。そのため画家の部屋のメンバーにも、彼らの発注仕事以外に許可なく絵を描く事を厳しく禁じていた。中でも収容者の生活場面や肖像画を描くことは、最も過酷な罪を科せられることだった。しかしそのような危険と背中合わせにあっても、一旦絵筆を手にした画家たちは怯まず、自らが体験した収容所の悲惨な現実と、共に生きた人々の命の証しとしての肖像画をたくさん描き残している。

だがショアーを直接証言するものは、この著者が残したスケッチだけであった。

ふた括りのスケッチ

MMによって特別にAからD、そしてAからCとアルファベットの印がつけられたそのふた括りのスケッチを見てみよう。

最初のひと括り（A―D）。Aの絵は鉛筆とチョーク、そしてインクが使われている。収容所のあるブロックの門が開き、横付けされたトラックに人々が乗せられようとしている場面だ。

門の両脇には銃を持ったSSらしき人物が立ち、道の片側には担架で運ばれてきた人がいて、囚人服ではない引率の男が「あそこへ乗せろ」とでも言うように左手でトラックを指差し、その服はインクで青く塗られている。

別名死のブロックと呼ばれた　ユダヤ人専用のブロック7。ここには飢餓と過酷な労働により、もはや働くことができなくなった人や、チフスなどの感染症で死を宣告された人々が収容されていた。月曜と木曜日毎に100〜200人がクレマトリュウムへ移送されたという。

次ページには移送トラックの荷台の俯瞰図Bと、SSに引率された老人や女性、子どもたちの列の絵Cがある。どの背中にもくっきりダビデの星（ユダヤ民族を象徴する印だが、ナチスは迫害のために着用を義務付けた）が描かれ、彼らが向かうその先の林の中にはクレマトリュウムと思しき建物が見える。

移送列車から降ろされた直後の選別で、無残にも暗黙のうちにガス

『Der Skizzenblock von Auschwitz』より

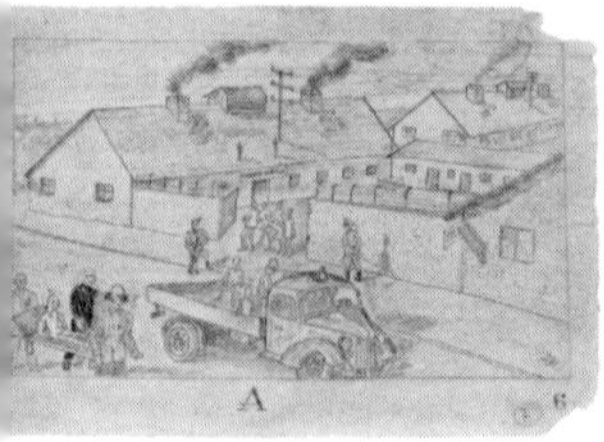

A

B　C

D

室送りを宣告された人々の群れをここに描くことで、作者はトラックの行き先をも暗示している。

　そして次ページDの画面いっぱいに彼は、クレマトリュウムの絵を描いた。ごうごうと煙を吐く煙突、散らばった死体、空になったトラック、それらを背にタバコを吸うSS。全てが終わりここらで一服ということか。

　2つ目の括り（A―C）は、アウシュヴィッツに着いたユダヤ人たちがユーデンランペ（ユダヤ人の降車場という意味）で移送貨車から降ろされた場面Aに始まる。

　1944年春にビルケナウに移送者用の引込み線ができるまでは、全ての収容所がこの場所で降ろされ、徒歩で収容所に向かわされ

『Der Skizzenblock von Auschwitz』より

A

B

C

た。

　全財産を奪われた上、ＳＳの選別によって労働か死か、勝手に自らの運命をも決められた人々Ｂは、そのまま死の待つ場所へと引率されていったＣ。

　１９４３年の春からアウシュヴィッツでゾンダーコマンドとして働き、かろうじて生還したギリシャ系ユダヤ人のシュロモ・ヴェネツィアは、２００７年に82歳で出版した自著で、ユーデンランペでの体験をこう語っている。

「列車から降りるとすぐ、ドイツ軍が鞭とびんたで列を二つ作りました。一方に女性と子供、もう一方は無差別に男性が全員。手で合図して、私たちに指示しました。「男はこっち、女はあっち！」罵声と命令に従って、みんなロボットのように前へ進みました」

「私たちはそのあとすぐ、ひとりのドイツ軍将校の前に一列に並ばされました。少しして、もうひとり将校が来ました。それがかの有名なメンゲレ博士だったのかどうか。それはありえるのですが、たしかじゃない。将校は私たちにはほとんど目をくれず、親指で合図して「リンクス、レヒッ！左、右！」と指示し、私たちは指さされた方向に行かなければならなかった」

「、、、どちらにも若者も老人もいました。ただ一つはっきりしていたのは、両方の人数が目に見えて不平等だったことです。私は少ない方の列にいました。

最終的に、私たちは男320人だけだった。（彼は2500人の仲間とともに着いた＝筆者）他の人は全員、なにも知らずに死に隣接するビルケナウのガス室へ行ったのです」『私はガス室の「特殊任務」をしていた』（鳥取絹子訳・河出文庫）

なんとしても描かなければ

ＭＭが描いたふた括りの作品は我々に、シュロモ・ヴェネツィアの手記が述べる、アウシュヴィッツに到着したユダヤ人たちが辿らされたショアーへの二筋の道を、リアルに伝えてくれる。

１つは到着、選別、そしてガス室への道。もう１つは、たとえ選別で命を得ても、過酷な労働、飢え、病気、拷問などによって、とどのつまりはガス殺されたという死への２つの過程である。

これらに特別の印をつけたということはスケッチブックの著者が、自分が目撃した前例のない出来事の重要性を、はっきりと政治的に認識していたことを示している。

彼は、自分が日々体験したり、目撃した細切れの出来事を自らの中で重ねていくうちに、その核心を掴み、なんとしても描き残さなければならない、伝えなければならない、という思いに突き動かされたのではないだろうか？

それにしてもＭＭは、画家の部屋のメンバーだったのだろうか？

もしかしたら当時アウシュヴィッツにあった地下組織との繋がりを持っていた人物か？

なんども彼のスケッチを見ているうちに、私はこの作者がかなり長い間収容所にいたのではないかと思うようになった。

ある時はランペの片づけをするコマンドのメンバーだったり、またある時は診療所で働いたり、病人の移送にも関わっていたかもしれない。

もしかしたら、ゴヤなど多くの画家がそうした様に、スケッチのどこかに彼自身の姿が書き込まれているのかもしれない。

この著者が誰だったのかということは、今日まで明らかになっていない。

6章

手をさし伸べた人々

ヤビショビツェ補助収容所跡地に建った慰霊碑

描かれた絵は、どのように持ち出されたか？

収容所の中で画家たちがこっそりと描いた禁断の絵を保存することは極めて困難なことだった。収容所では毎日のように所持品の検査があった。囚人服の他に、何か身につけているものはないか調べられ、極寒の中、寒さに耐えきれず身に巻いた紙1枚のために、25回の鞭打ち刑に処せられ殺された者も出るような中、ましてやそれを鉄条網の外へ持ち出すなど、不可能と思われた。

しかし、画家たちはそれを承知で果敢に挑戦した。描かれた絵は、例えそれが1枚の収容者の肖像画であっても、それはその人が今アウシュヴィッツで生きていることの証であった。またそこでなにが行われているかを知らせる有力な証拠ともなったからである。

しかしその実行には、どれほどの骨折り、行動力、勇気がいったか。運び出しの手助けは多くの場合、収容所の近くで仕事をしていたポーランド人たちであった。彼らも画家たちも、ある時は地下組織の協力を得ながら、様々なやり方を模索している。

例えば、収容所に木材を運搬する鉄道の機関士を通じて、あるいはパスポートで自由に出入りできる人物などが体に巻きつけたり、両脇に挟んだりして（これ自体まさに信じられないことではあるが）持ち出したこともあった。しかし、数知れぬ試みが失敗に終わったという。ある時は、荷馬車で通う業者が荷台の荷物の中に隠して収容所の門を出ようとした、まさにその時、いつもは受けることのない検閲があり、絵は彼らの目の前で破り捨てられた。このようにして価値ある作品の多くが失われたと、『囚人たちの芸術』は嘆いている。

そのような中で、成功の確率が高かった例があった。それは今も言い伝えられていることだが、ＳＳの出す汚れた下着類の袋に紛れ込ませて外に持ち出すという手法だった。ヨランタ・クピエッツさんによると、コシチェルニアクはこの手法をかなり使っていたようだ。

彼の場合、一時期この洗濯物運びの労働についていたこともあって、そこに働く近隣の人々と顔見知りの間柄だったし、洗濯場の人たちはまたこの素晴らしい絵を描く青年の存在を、知らず知らずのうちに誇りに思うようになっていたのであった。

その洗濯場は、アウシュヴィッツの近郊ビエルスコ・ビアワという町にあった。そこには戦前からの紳士服用の洗濯場があり、そこがナチスの時代にもそのまま使われていたのだった。

「洗濯場の主人ヨゼフ・スピールとその妻、そして17歳になる娘ヤジアの働きは、見事だったと今も言い伝えられています。娘ヤジアは収容者たちが洗濯物を運んでくるとボール遊びなどに監視のSSを誘い注意をそらした。その間に両親が絵を取り出し、彼らが持ち帰るきれいな洗濯物の中に薬や食べ物、また手紙などを紛れ込ませて収容所内に持ち込んでもらったのです。

もちろんこうした事は見つかれば死刑になるのは明らかでしたから命がけでした。でも自分の目の前に何の罪もないのにナチスにいたぶられ、それは悲惨な目にあっている同胞がいるわけですから。それぞれが自分に出来る事をやったのです」（コピエッツさん）

『囚人たちの芸術』によると、この洗濯場で働くヤクブ・マレクという青年はパルチザンの一員だった。マレクは絵の運び出しに尽力するだけでなく、収容者と家族がほんの一目でも面会できるよう取り計らったり、脱走のため奔走したり、色んな形で手助けしていたという。また近所に住む靴屋とその妻、この若い夫婦もここへ住み着いた初めから、アウシュヴィッツの収容所者たちを助けていた。

そしてアウシュヴィッツ収容所の周りに40以上もあった補助収容所の1つヤビショビツェでも、この地に代々続くパン屋のアドルフ・マデイ一家が、ちょうどビエルスコ・ビアワの選択場と同じような役割を果たしていた。

アドルフには娘がいた。その娘アンナ・クリスティナもまた、両親とともに収容者とその家族のために、命がけで働いた。

少年ゲザ・シャインの肖像画を描いたジャック・マルキェルは、この少女のカラーの肖像画を残している。マルキェルは到底手に入らないカラー絵の具の代わりに、壁の着色されたしっくいを使ったとある。

クリスティナの母がこの絵を受け取ったのは1944年の夏のことだった。「彼女の援助に対する彼らの感謝の気持ちでした」と、母は語っている。

クピエッツさんはこのような近隣住民たちの自然発生的な救援・救国

活動の多くが、1943年1月のナチスのスターリングラードでの敗北以後、急速に進んだようだと言う。

話を聞きながら、ワルシャワ蜂起のことを思った。

1年後(1944年)の8月、ポーランドの一般市民が占領者ナチスに対して立ち向かい、63日間をたたかった蜂起が起こる。

この市民の勇敢な行動は、第二次世界大戦中のナチス・ドイツ占領国で、人民が決起した最も英雄的な闘争の1つとも言われ、映画『地下水道』(アンジェイ・ワイダ監督)や『戦場のピアニスト』(ロマン・ポランスキー監督)などで、今も語り継がれている。

その根底には、ここに見られるような同時代の人々の、侵略者と圧政に対する抵抗の精神が脈々と流れていたのだ。

そして翻ってみれば、私たちが画家の部屋の人々が描き残した絵を、今日目にすることができるのもまた、命の危険を冒して彼らを助けた同時代の人々がいたからであった。

『囚人たちの芸術』は言う。「収容所の中での一つの薬、一片のパン、一本のエンピツ、一足の靴、自由な外へ運び出された一通の秘密文書などが持つ意味は、アウシュヴィッツを生き延びた者にしかわからない」

ヘレナのレリーフ

ここにある1点の木製のレリーフ、作者不詳のこの作品は、女性連絡員ヘレナ・プオトニカに贈られた。

ヘレナは、1902年オシフィエンチム近郊の貧しい農家に生まれた。炭鉱で働く父、裁縫で家計を支える母、家は貧しかったが暖かく、両親からは周りで困っている人がいたら、進んで手を差し伸べるようにと教えられて育った。

貧しさから公立学校を中途退学し、母の手助けをして働いた。19歳の時に父と同じ炭鉱で働くカジミェジュ・プロトニカと結婚。彼女は6人の子供の母となった。しかし、幸せな日々は1939年のナチスのポーランド侵攻によって破られた。

ヘレナ・プオトニカのレリーフ
1941－1942『People of Good will』より

１９４０年、アウシュヴィッツ強制収容所が動き出し、周辺住民は労働に出かける痩せこけた収容者たちを度々目にすることになる。同胞たちのその姿はヘレナにも大きな衝撃を与えた。

「この人たちに、せめて食べ物を運ぼう」決心したヘレナは、家からパンや果物などを持ち出し、収容者が労働している場所の近くや、通路になっているところなど、目につきやすい場所に置いた。

１人が運ぶほんのわずかな食料でも、きっと何かの役に立つ、自分にそう言い聞かせるとともに友だちにも呼びかけ、活動の輪は少しずつ広がっていった。

そのうち近隣で活動するレジスタンスの組織とも連絡が取れ、いつの間にかヘレナは重要な役割を担うようになっていった。そんな母を長女のヴァンダがよく助けたという。ヴァンダは10歳だった。

組織とつながってからは、収容者と家族の連絡を取り合うなどの仕事もできるようになり、ヘレナの活動の幅は広がった。だが、その結果、1943年5月19日にゲシュタポに逮捕され、アウシュヴィッツの死のブロックとして恐れられていたブロック11号棟に収監されてしまう。娘ヴァンダもその翌日に逮捕された。

ヘレナがどんな取り調べを受けたかについては想像するほかないのだが、ブロック11号棟に死のブロックの異名がついたのは、この場所がゲシュタポが逮捕・連行してきたポーランド抵抗組織の人々を、即決裁判で死刑を宣告し、銃殺した場所だったからである。1人の審理に要した時間は1分にも満たなかったと伝えられている。

ここは今日も取調室や裁判を行った部屋など、建物の内部が当時に近い形で残されているが、地下には、あのコルベ神父が収監されてい

11 号棟を入ってすぐ左側に、ゲシュタポ臨時裁判所があった

死の壁――この中庭で処刑が行われた。収容棟には目かくしの窓枠がある

た地下牢や、真っ暗闇の中酸欠状態にして政治犯を苦しめる直立房や懲罰房もあった。

このような場所でヘレナは5カ月を生きてビルケナウへ送られた。だが弱った体は過酷な労働に耐えられず、翌1944年3月17日、診療所病棟で42歳の生涯を閉じた。

ヘレナに贈られた木製のレリーフには、「キャンプ周辺にいた彼女が、いつも我々収容者のことを思ってくれる、その気持ちが嬉しかった」と、記されている。

謝辞

３年前、ナチスの絶滅収容所という過酷な場所に画家の部屋なるものがあった事、命がけで絵を描き、そこで行われていたホロコーストをはじめナチスの蛮行の真実を、今日に伝えた芸術家たちがいたことを知った時、私は大げさではなく本当に、体中の血が逆流するような感動に襲われた。

そして、書かなければと思った。日本の人々に彼らの作品を見て欲しい、歴史の真実を伝えたいという画家たちの勇敢な魂、強い意志を伝えたいと意気込んでいた。

だが、もうひと息という２０２０年の夏、私もまた世界中を混乱におとしいれたコロナパンデミックの嵐の中にいた。予定していた海外取材も出かけられなくなり、暗澹とした日々を送っていた私を、机の前に引き戻してくれたのは、あなた方だった。

その熱い支えがなければ、この本を書き上げることははるかに困難なことになっていたと思う。

本書執筆への窓を開いてくれたのは、展覧会の企画者アウシュヴィッツ博物館・遺品部のアグニエシカ・シェラツカ（Agnieszka・Sieradzka）さんだった。

日本からポーランドは遠い。なかなか足を運べない日本の人々へ、アウシュヴィッツの画家たちの存在を伝えるための本を書きたい、という私の願いを真正面から受け止めてくれて、貴重な資料の提供をはじめ、多忙な中にもかかわらず何度も時間を割いて、ともに記憶をたどりなおしてくださったあなたの厚意には、感謝のほかない。

オシフィエンチムに住む美術評論家ヨランタ・クピエツ（Yolanta・Kupiec）さん、ザコパネのヴオイチェフ・シャトコフスキ（Wojciech・Szatkowski）さん、あなた方にお会いできたことで、２人の画家の素顔に少しでも近づくことができた。

画家たちの足跡を求めての困難な取材に同行してくださった、クラクフ在住の通訳者・森川明木さん、その友人で博物館ガイドのレナータ・コスチク（Renata・Koszyk）さん、堪能なドイツ語で私を助けてくれた友人の鈴木純子さん、ベルリンのハイケ・ブラウエルト

（Heike・Blauert）さん、一緒にピレッキの「手記」を読んでくださったジョン・プレスリー（John・Presley）さん、みなさんに多大な協力をいただいたことに感謝する。

この本の執筆中に先輩大高節三さんの突然の訃報が届いた。画家で歌人の故まさる夫人とともに、私のホロコースト取材を励まし続けてくださったお二人に、あらためてお礼を申し上げたい。

最後になったが、東銀座出版社の猪瀬盛さんにご苦労をかけた。心より感謝を。

世界中の人々が、人類にふりかかった困難を乗り越えようと懸命になっている今だからこそ、この本を読んで欲しいと思う。ホロコーストの証人たちの生きざまは、これまでもそうであったように、私たち一人ひとりを、必ず何かの形で、時代と人生についての様々な発見や思索へ、導いてくれるに違いないからだ。

私が紹介できるのは、アウシュヴィッツの『カタログ』に掲載されている彼らが残した歴史のほんの一端に過ぎないけれど、作品に目を凝らし、どんな場所で、どんな状態で、何を願って、彼らがこれらのものを生み出したかを想像して欲しい。そのまなざしの先にある差別も分断もない世界を見据えて欲しい。

２０２１年1月27日　アウシュヴィッツ解放76年、「ホロコースト犠牲者を想起する国際デー」の日に

大内田　わこ

参考・引用文献一覧

『Face to Face.Art in Auschwitz』Texts:Agnieszka Sieradzka
『Leiden und Hoffnung-Kunst von Haftlingen des Konzentrationslagers Auschwitz』Edited by Jerzy Dalek Teresa S'wiebocka
『Der Skizzenblock von Auschwitz』Bearbeitung Agnieszka Sieradzka
『People of Good Will』Edited by Henryk S'wiebocki
これらの本は、ポーランド語が基本でドイツ語、英語版が出ています。いずれもアウシュヴィッツ博物館に問い合わせれば購読できます。

『アウシュヴィッツの巻物――証言資料』ニコラス・チェア、ドミニク・ウィリアムズ著・二階宗人訳　みすず書房
『アウシュヴィッツ博物館案内』中谷剛著　凱風社
『私はガス室の「特殊任務」をしていた』シュロモ・ヴェネツィア著・鳥取絹子訳　河出文庫
『アウシュヴィッツ収容所』ルドルフ・ヘス著・片岡啓治訳　講談社学術文庫
『ケーテ・コルヴィッツの肖像』志真斗美恵著　績文堂
『The Auschwitz Volunteer : beyond bravery Captain Witold Pilecki』by J.Garlinski＝ヴィトルト・ピレツキの手記の英語版。日本でも手に入ります。
『アウシュヴィッツを志願した男』小林公二著　講談社
『アウシュヴィッツの音楽隊』シモン・ラックス、ルネ・クーディー著・大久保喬樹訳　音楽之友社
『ホロコースト全史』マイケル・ベーレンバウム著・芝健介訳　創元社

アウシュヴィッツ博物館連絡先
ホームページ　www.auschwitz.org
メールアドレス　museum@auschwitz.org

略歴

大内田《おうちだ》わこ

ジャーナリスト

著書に『ガス室に消えた画家―ヌスバウムへの旅』（草の根出版会）、『ダビデの星を拒んだ画家　フェリックス・ヌスバウム』（光陽出版社）、『ホロコースト女性６人の語り部』『ホロコーストの現場を行く　ベウジェツ・ヘウムノ』（東銀座出版社）など。

『アウシュヴィッツの画家の部屋』

2021 年 4 月 26 日　第 1 刷発行 ©

著者　大内田わこ

発行　東銀座出版社

〒 171-0014　東京都豊島区池袋 3-51-5-B101

TEL：03-6256-8918　FAX：03-6256-8919

https://www.higasiginza.jp

印刷　モリモト印刷株式会社